30분에 읽는 하버드 비즈니스 바이블
목표를 성공으로 이끄는 법

30분에 읽는 하버드 비즈니스 바이블
목표를 성공으로 이끄는 법
생각을 결과로 바꾸는 촉매 메커니즘의 힘

초판 발행 2019년 7월 1일
발행처 유엑스리뷰 | 발행인 현명기 | 지은이 짐 콜린스 |
옮긴이 장진영 | 주소 부산시 해운대구 센텀동로 25, 104동 804호 | 팩스 070.8224.4322 |
등록번호 제333-2015-000017호 | 이메일 uxreviewkorea@gmail.com
ISBN 979-11-88314-24-9
시리즈 ISBN 979-11-88314-19-5

이 책의 한국어판 저작권은 유엑스리뷰 출판사가 소유하고 있습니다.
본서의 무단전재 또는 복제행위는 저작권법 제136조에 의하여
5년 이하의 징역 또는 5천만 원 이하의 벌금에 처하게 됩니다.
낙장 및 파본은 구매처에서 교환하여 드립니다.
구입 철회는 구매처 규정에 따라 교환 및 환불처리가 됩니다.

Turning Goals into Results by James C. Collins
Copyright © 2017 by Harvard Business School Publishing Corporation
All rights reserved.

This Korean edition was published by UX Review in 2019 by arrangement with
Harvard Business Review Press through KCC(Korea Copyright Center Inc.), Seoul.

목표를 성공으로 이끄는 법
TURNING GOALS INTO RESULTS

생각을 결과로 바꾸는 촉매 메커니즘의 힘

짐 콜린스 지음
장진영 옮김

유엑스 리뷰

〈하버드 비즈니스 리뷰〉는 1922년 창간 이후 경영 방식에 놀라운 변화를 일으킨 수많은 아이디어의 주요 원천이 되어 왔으며, 그중 대다수가 오늘날까지 언급되며 경제와 경영 전반에 걸쳐 영향을 주고 있다. 그리고 이제는 이 시리즈가 발간되어 그 중요한 글들이 여러분의 서재에 오래도록 남을 수 있게 되었다. 이 시리즈는 발간될 때마다 최고의 실행 전략을 만들어내고 전 세계의 셀 수 없이 많은 경영자들에게 영감을 불어넣어 주었으며, 오늘날 여러분이 비즈니스에 대해 생각하는 방식을 바꿔놓을 놀라운 아이디어를 전하고 있다.

차례

8 — 들어가며

21 — 촉매 메커니즘의 5가지 특징

62 — 일단 시작하라

64 — 더하지만 말고 빼라

72 — 돈을 이용하되, 돈만 이용하지 마라

77 — 촉매 메커니즘의 진화를 허용하라

104 — 옮긴이 후기

110 — 정리

---

81 — 촉매 메커니즘 세트를 만들어라

85 — 공중누각

90 — BHAG의 구조

95 — 촉매 메커니즘은 오직 기업만을 위한 것이 아니다

들어가며

대부분의 경영진에게는 크고, 험난하고, 대담한 목표가 있다. 누군가는 자신의 브랜드를 코카콜라보다 더 유명하게 만들기를 꿈꾸고, 다른 누군가는 사이버 세상에서 가장 많은 수익을 올리는 웹사이트를 만들어내기를 염원한다. 그리고 또 다른 누군가는 자신의 회사가 업계에서 과감한 행보를 보여주길 바란다. 숙적을 무찌르기 위해서는 과감한 행보가 필수이기 때문이다. 거의 모든 경영진이 자신의 거대한 목표가 실현되기를 간절히 바란다. 그래서 그들은 자신의 목표를 실현시키기 위해서 비전 선언문을 작성하고, 연설을 하고, 변화를 계획하고 꾀한다. 그리고 복잡한 인센티브 프로그램을 고안하고, 규칙과 체크 리스트를 공식화하고, 방침과 절차를 마련한다. 이렇게 의도는 아주 좋았지만 결국 무의미한 행정 절차만 겹겹이 만들게 된다. 그러니 그들의 야심 찬 목표가 좀처럼 실현되지 않는다는 것이 그리 놀랄 일은 아니다.

기업들은 굳이 이렇게 행동할 필요가 없다. 나는 지난 6년 동안 조직의 목표 달성을 돕는 간단하지만 아주 효과적인 경영도구를 관찰하고 연구해왔는데 최근에 이를 성문화하기에 이르렀다. 그 경영도구란 바로 '촉매 메커니즘'이다. 촉매 메커니즘은 목표와 성과를 잇는 매우 중요한 연결고리이자 목표를 실현시키는 힘이 있는 수단이다. 직원을 자극해 목표 실현에 힘쓰도록 하고 요식에 얽매이지 않는다. 경영진의 비전이 미국 헌법을 구성하는 가장 중요한 이념이라면, 촉매 메커니즘은 미국의 독립선언문이라 할 수 있다. 원대한 포부를 구체적인 현실로 옮기는 수단이 바로 촉매 메커니즘이다. 이렇게 촉매 메커니즘은 크고, 험난하고, 대담한 목표를 실현 가능한 것으로 만든다.

그러나 내가 조사한 바에 따르면 현재 촉매 메커니즘을 활용하는 기업은 많지 않다. 그 비율은 아마도 5%나 10%에 불과하다. 게다가 이들 중 일부는 자신들이 촉매 메커니즘을 사용하고 있다는 사실조차 모른다. 내가 발견한 또 다른 사실은 촉매 메커니즘이 상대적으로 제도화해서 실행하기가 쉽다는 것이다. 경영진은 촉매 메커니즘을 이용해서 자신들의 크고(Big), 험난하고(Hairy), 대담한(Audacious) 목표(Goal), 즉 'BHAG'를 실현할 수 있다. 이런 효과를 고려하면, 촉매 메커니즘은 목표를 실현할 가능성이 가장 크지만 활용도가 아주 낮은 경영도구라 할 수 있다. (BHAG에 대한 보다 자세한 내용은 후반부 'BHAG의 구조'를 참조하기를 바란다.)

그래니트 록(Granite Rock)의 사례를 살펴보자. 그래니트 록은 캘리포니아 왓슨빌에 위치한 99년 된 회사로 깬 자갈, 콘크리트, 모래, 그리고 아스팔트를 판매한다. 12년 전, 당시 공동 사장이었던 브루스와 스티브 울퍼트 형제는 그래니트 록의 새로운 BHAG를 세웠다. 완전한 고객 만족을 제공하여 세계적으로 높은 고객 만족도로 유명한 고급 백화점 체인인 노드스트롬(Nordstrom)의 서비스에 맞먹거나 능가하는 서비스를 제공하는 회사라는 명성을 얻고자 한 것이다. 당시만 해도 그래니트 록은 따분한 가족기업에 불과했기에 절대 만만한 목표가 아니었다. 그래니트 록의 직원들은 대체로 채석장을 운영하는 땀 냄새 풍기는 거친 사람들이고 주요 고객 또한 거칠고 땀냄새가 나는 건설노동자와 하청업자다. 이런 고객들의 마음을 사로잡는 것은 쉬운 일이 아니다.

이제 생각을 한번 해보자. 이토록 야심 찬 목표를 정말 실현하려면 무엇이 필요할까? 대부분의 사람들은 자동적으로 직원들에게 자극을 주고 활력을 불어넣는 리더십을 떠올릴 것이다. 그러나 이런 종류의 리더십은 그래니트 록에서는 언감생심이었다. 울퍼트 형제는 조용하고 사려 깊고 항상 책을 곁에 두고 읽는 부류였다. 그렇다고 시끌벅적한 이벤트를 열거나 원대한 고객 서비스 프로그램을 운영하는 것도 답이 아니었다. 울퍼트 형제는 다른 기업들이 자신들의 BHAG를 실현하기 위해 이런 노력을 기울이는 모습을 관찰하고 노력의 효과가 오래 지속되지 않으리라 판단했다.

그 대신 울퍼트 형제는 '쇼트 페이(short pay)'를 선택했다. 이는 아주 새롭고 과감한 시도였다. 그래니트 록의 인보이스 하단에는 "불만족스러운 서비스를 받았다면 요금을 지불할 필요가 없습니다. 줄을 그어 불만족스러운 품목을 인보이스에서 지우고 문제점이 무엇인지 간단하게 기재하여 주시기 바랍니다. 그러고 나서 나머지 품목에 대한 요금과 인보이스의 사본을 보내주세요"라고 적혀 있다.

여기서 한 가지 분명히 짚고 넘어가자. 쇼트 페이는 환불정책이 아니다. 따라서 고객은 불만족스러운 상품을 반품할 필요도 없고, 회사에 전화해서 항의할 필요도 없다. 고객이 자신의 만족도에 따라 요금을 지불할지 여부와 지불한다면 얼마를 지불할지를 결정한다. 즉 쇼트 페이는 고객에게 요금 지불에 대한 완전한 재량권을 주는 지불정책이다.

이 파격적인 지불정책에 대한 이해를 돕기 위해 이렇게 생각해보자. 항공사가 항공 서비스를 이용한 뒤에 요금을 지불하도록 정책을 바꾸고 비행 중 제공되는 서비스뿐만 아니라 티켓팅과 비행기에서 내리는 순간의 서비스까지 모든 항공 서비스에 대한 만족도에 따라 요금을 받는 쇼트 페이를 도입했다고 생각해보자. 또는 대학교가 학기 말에 등록금 고지서를 발급하고 고지서의 하단에 "불만족스러운 강의가 있다면, 해당 강의에 줄을 그어 삭제하고 만족스러운 강의에 대한 수업료만 보내세요"라고 적혀 있다고 생각해봐라. 아니면 휴대폰 요금 고지서의 하단에 "통화품질이 불만족스러웠던 통화 내역을 표시하고, 해당 통화요금을 전체 요금에서 차감한 다음 남은 잔액만을 납부하시오"라고 적혀 있다고 생각해보자.

쇼트 페이는 그래니트 록에 엄청나게 긍정적인 영향을 줬다. 쇼트 페이는 일종의 경고 시스템이다. 이 파격적인 지불정책 덕분에 그래니트 록은 상품과 서비스의 품질에 대해 꼭 필요한 피드백을 받을 수 있었다. 그런 다음 반복적인 완불 거부 사태를 막기 위해 관리자들을 압박해서 눈에 불을 켜고 근본적인 원인을 찾아내도록 했다. 쇼트 페이는 직원과 고객에게 그래니트 록이 고객 만족을 단순한 슬로건에 그치지 않고 아주 진지하게 생각하고 있음을 보여주었다. 마지막으로 쇼트 페이 덕분에 그래니트 록은 엄청난 성공의 영광에 젖어 정체되지 않고 계속 앞으로 나아갈 수 있었다.

널리 알려진 대로, 쇼트 페이는 성공적이었다. 직원이 겨우 610명인 이 작은 기업은 자사 상품에 6%의 가격 프리미엄을 붙이면서도 거대 기업들이 장악한 원자재 시장에서 꾸준히 시장 점유율을 높여왔다. 1992년 그래니트 록은 말콤 볼드리지 국가품질상(Malcolm Baldrige National Quality Award)을 수상했다. 그리고 재무성과도 크게 개선되었다. 이전에는 미미했던 이익률이 세전 이익률이 약 10%에 달하는 휴렛팩커드(Hewlett-Packard)와 같은 거대 기업들과 맞먹을 정도로 올랐다. 의심할 여지없이, 쇼트 페이는 울퍼트 형제의 BHAG를 현실로 만든 필승 도구였다.

촉매 메커니즘의
5가지 특징

물론 모든 기업이 쇼트 페이를 도입해야 하는 것은 아니다. 그러나 기업은 쇼트 페이만큼 강력한 촉매 메커니즘은 반드시 갖추고 있어야 한다. 대부분의 기업은 고용과 보상 정책과 같은 전통적인 경영도구를 이용하여 목표를 달성하려고 한다. 도대체 촉매 메커니즘과 이러한 전통적인 경영도구의 차이점은 무엇일까? 촉매 메커니즘에서는 5가지 뚜렷한 특징이 나타난다. (표 "촉매 메커니즘: 전통적인 경영방식에서의 탈피" 참조) 지금부터 이 5가지 특징들을 차례대로 살펴보자.

> **특징 1:**
> 촉매 메커니즘은 예상치 못한 방법으로 바람직한 결과를 도출한다.

일단 대담한 조직 목표를 세우면 경영진은 제일 먼저 목표 실현에 도움이 되리라 생각되는 각종 시스템, 규정, 절차, 그리고 관행을 쏟아낸다. 이것이 바로 '정렬(alignment)'이라 불리는 프로세스다. 정렬은 경영학계와 경영진 사이에서 널리 알려진 경영도구다. 조직의 모든 자원을 한 방향으로 나아가도록 정렬시키는 것은 합리적인 전략이다. 자사 브랜드를 코카콜라보다 더 유명하게 만들고 싶다면, 광고가 얼마나 효과적인지를 평가하고 좋은 성과를 올린 마케팅 담당자들에게 보너스를 두둑하게 주는 것이 좋다. 그러나 정렬을 단단하게 유지하는 규정이 요식(要式)을 낳는다는 문제가 있다. 요식은 절대 놀라운 결과를 만들어내지 못한다.

그렇다고 내 말을 오해하지는 않길 바란다. 요식이 결과를 도출할 수도 있지만 그 결과가 썩 좋지는 않을 것이다. 요식은 구성원들에게 예측 가능한 행동을 하고 정해진 절차 등을 따르도록 강요하기 때문이다. 역사적으로 봐도 조직 구성원들이 예상치 못한 일을 할 수 있을 때, 조직이 위대한 일을 해냈다. 다시 말해, 사람들이 정해진 길에서 벗어나 진취성과 창의성을 발휘하고 새로운 시도를 할 때, 흡족하고 흥미로우며 놀라운 결과가 나온다.

3M을 살펴보자. 수십 년 동안 3M 경영진은 3M이 매번 큰 성공을 하는 신제품을 만들어내는 기업으로 만들고 싶었다. 1956년 3M의 그 유명한 촉매 메커니즘 '15%의 법칙'이 도입된다. 3M은 연구원들이 업무시간의 15%를 자신이 원하는 신제품과 신기술을 연구하고 개발할 수 있도록 한다. 이 얼마나 요식행위에 얽매이지 않고 기상천외한 시도인가!

3M에서는 그 누구도 그들에게 '이런 제품 또는 기술을 연구해라' 또는 '이 만큼 개발해내라'고 지시하지 않는다. 이렇게 근무규정이 완화되자, 수익성 있는 혁신적인 제품과 기술이 쏟아져 나왔다. 유명한 '포스트잇(Post-it)'부터 잘 알려지진 않았지만 반사

차량 번호판과 환자가 심장 수술을 받는 동안 심장 기능을 대신하는 기계에 이르기까지 수많은 신제품과 신기술이 개발되었다. 15%의 법칙이 도입된 이후, 3M의 매출과 영업이익은 40배 증가했고 누적 주가수익률은 36%를 기록했다. 그리고 3M은 경제지 〈포춘(Fortune)〉의 가장 존경받는 기업 톱 10 명단에 자주 이름을 올렸다.

촉매 메커니즘으로 생겨난 변화는 학습을 유도한다. 이는 실로 행복한 우연이다. 이렇게 생각해 보자. 당신은 요세미티 계곡에 있는 높이 3,000피트의 직벽(直壁) 엘카피탄(El Captian) 등정에 나섰다. 15구간을 넘어서는 것은 되돌아올 수 없는 강을 건넌 것과 같다. 여기서부터 당신은 본능적으로 엘카피탄 등반에 완전히 몰입하게 된다. 앞으로 어떤 구간을 만날지 전혀 예측할 수가 없기 때문에 잠시도 긴장을 늦출 수 없다. 발을 디딜 곳을 그때그때 찾아가면서 정상을 향해 나아가는 수밖에 없다. 당신은 스스로가 어떻게 해서든 정상에 도달할 방법을 찾을 것이라 믿는다. 15구간까지 올라가서 엘카피탄을 안전하게 내려갈 방도는 없다. 당신이 할 수 있는 일은 끝까지 이 직벽을 등정하는 것이다.

촉매 메커니즘은 이와 동일한 효과를 낸다. 쇼트페이는 그래니트 록이 완전한 고객 만족에 전념하도록 만들었다. 고객이 요금 완불을 거부할 때마다, 그래니트 록은 운영의 효율성을 높이는 방법을 학습하거나 고안해냈다. 이렇게 얻은 새로운 지식은 더 좋은 결과로 이어지고, 촉매 메커니즘은 변화, 학습, 개선, 그리고 향상된 결과로 이어지는 선순환의 일부가 된다.

나의 '붉은 깃발 제도'에서도 이런 선순환을 확인할 수 있다. 1988년 나는 스탠퍼드대학교에서 첫 MBA 강의를 했다. 나는 주로 사례 연구법과 토론으로 강의를 진행했다. 당시 소수의 몇몇 학생들은 자기 말만 하면서 공격적으로 토론에 임했다. 그런데 공격적으로 토론에 참여하는 학생들의 강의에 대한 기여도가 항상 큰 것은 아니었다. 물론 토론에 필요한 의미 있는 주장을 펼치는 학생도 있었다. 그러나 대부분의 경우는 단순히 말하는 것이 좋아서 쉴 새 없이 큰 소리로 자기 말만 했다. 나는 강의가 끝나면 학생들과 종종 담소를 나눴다.

이때 강의시간에는 조용히 있던 학생들이 좋은

의견을 내놓는 경우가 종종 있었다. 이 학생들은 자신들의 생각이 다른 사람들과 공유할 가치가 있는지 고민하거나 다른 사람들 앞에서 발표한다는 것이 부끄러워서 토론에 참여하지 않았던 것이다. 토론을 진행하다 보면 15~20명의 학생들이 발언권을 얻기 위해서 손을 들었다. 이들 중에서 토론에 정말 필요한 의견을 가지고 있는 학생을 지목한다는 것은 불가능했다. 그래서 당시 나는 모든 학생들에게 큰 공부가 될 좋은 의견을 많이 놓치고 있다는 느낌을 자주 받았다.

이 문제에 대한 나의 해결책은 바로 '붉은 깃발'이었다. 나는 매 학기가 시작될 때 학생들에게 가로 길이가 8.5인치이고 세로 길이가 11인치인 빨간 종이를 나눠준다. 이 종이에는 다음의 안내문이 적혀 있다.

"이 빨간 종이는 이번 학기에 당신이 사용할 수 있는 '붉은 깃발'입니다. 당신이 이 붉은 깃발을 드는 순간, 강의는 중단됩니다. 붉은 깃발을 사용할 순간과 방법에는 제한이 없습니다. 언제 그리고 어떻게 이 붉은 깃발을 사용할지는 전적으로 당신이 결정할 일입니다. 자신의 의견을 말하고 싶거나 개인적인 경험을 다른 사람들과 나누고 싶을 때 이 붉은 깃발을 드세요. 또는 자신의 분석 결과를 제시하거나 교수와 다른 생각을 갖고 있거나 강사로 초빙된 CEO의 의견에 이의를 제기하고 싶을 때 이 붉은 깃발을 사용하세요. 학우의 의견이나 질문에 답하거나 어떤 제안을 하고 싶을 때 이 붉은 깃발을 들어도 좋습니다. 언제든지 필요하다고 판단되면 붉은 깃발을 드세요. 이 붉은 깃발을 사용하는 사람에게 주어지는 패널티는 전혀 없습니다. 단, 이 붉은 깃발은 학기 동안 단 한 번 사용할 수 있고 양도할 수 없습니다. 다시 말해 당신은 이 붉은 깃발을 다른 학생에게 주거나 팔 수 없습니다."

나는 이 붉은 깃발이 어떤 결과를 가져올지 전혀 예측할 수 없었다. 놀랍게도 붉은 깃발은 나의 강의를 듣는 모든 학생들에게 훌륭한 학습 기회를 제공했다. 전반적인 강의의 수준이 올라갔던 것이다. 평소 강의시간에 조용히 있는 신중한 성격의 인도 학생이 있었다. 그런 그가 더바디샵 CEO 아니타 로딕(Anita Roddick)의의 강연에서 붉은 깃발을 들었다. 그는 더바디샵이 제3세계에서 제품을 생산하는 방식을 비판했다. 아니타 로딕은 주관이 뚜렷하고 카리스마 있는 인물이었다. 그리고 그녀는 주제에 상관없이 거의 모든 토론에서 다른 사람의 이야기를 듣기보다는 주로 자기 말만 하는 사람이었다.

그러나 붉은 깃발 때문에 그녀는 학생의 말이 끝날 때까지 잠자코 있어야 했다. 학생의 말이 끝나자마자 두 사람은 열띤 논쟁을 벌였다. 이 열정적이고 박식한 두 사람의 토론은 나머지 학생들에게 그 어떤 강연보다 더 큰 공부가 되었다. 붉은 깃발이 없었다면, 이날의 강연은 여느 때와 다름없이 CEO는 단상에서 자기 할 말만 하고 학생들은 가만히 듣기만 했을 것이다.

이런 일도 있었다. 어느 날 한 학생이 붉은 깃발을 들고 말했다. "클린스 교수님, 오늘 강의 방식은 특히나 효과적이지 않은 것 같습니다. 질문을 너무 많이 하셔서 독립적으로 사고할 시간이 없습니다.

우리 스스로 생각할 수 있는 기회를 주세요." 이것은 나에게 충격적인 순간이었다. 교수로서 내가 설정한 BHAG는 최대한 많은 수준 높은 지식과 정보를 학생들에게 전달해 학업량은 많지만 가장 인기 있는 강의를 만드는 것이었다. 붉은 깃발 제도 덕분에 학생들에게 수시로 질문을 던지면서 진행하는 나의 강의 스타일이 이 BHAG를 실현하는 데 도움이 안 된다는 사실을 알게 되었다. 그리고 이를 바탕으로 나는 모든 학생들이 만족할 수 있는 방향을 최대한 강의를 개선해 나갔다.

나를 제외하고 이 붉은 깃발 제도를 강의에 도입한 교수는 단 한 명도 없었다. 한 교수가 나에게 이렇게 말했다. "어떻게 그런 일을 할 생각을 하셨어요? 그러니까 제 말은 무슨 일이 일어날지 어떻게 알

아요? 그렇게 하면 강의시간에 학생들을 통제할 수가 없잖아요. 저는 못할 것 같아요." 그와 다른 교수들은 붉은 깃발 제도가 모순되지만 효과적인 강의방식임을 이해하지 못하고 있었다. 강의의 주도권이 학생들에게 넘어가면 물론 강의시간에 어떤 일이 벌어질지 예측하기가 어려워진다. 그러나 이로 말미암아 상상하지도 못한 놀라운 일들이 강의시간에 일어날 수 있다.

> **특징 2:**
>
> 기득권에게는 불편한 사실이겠지만, 촉매 메커니즘은 전체 시스템을 위해서 권력을 다른 사람들과 나눈다.

경영진에게는 직원들을 통제하고 이끌 충분한 권력이 있다. 경영진이 고객 서비스를 책임지는 영업사원들에게 항상 고객에게 미소 짓고 친절하게 행동하라고 지시한다. 그렇게 하지 않으면 해고당할 수 있다고 으름장을 놓으며 미소와 친절을 그들에게 강요한다. 점포 이익률을 높이고 싶은 경영진은 점포 영업실적에 따라 담당자에게 임금을 지급하는 방법을 쓴다. 그리고 높은 시장 점유율이 목표라면, 경영진은 시장 점유율을 높인 관리자만을 승진시킨다.

여기서 지금까지 살펴본 촉매 메커니즘들이 어떻게 작동했는지 생각해보자. 그래니트 록은 쇼트페이라는 촉매 메커니즘을 통해 고객과 권력을 나눠 가졌다. 이것은 경영진에게는 불쾌한 일이다. 하지만 고객과 회사 모두를 위해 지속적인 서비스 개선이라는 원대한 목표를 달성하기 위해서는 필요한 일이었다. 붉은 깃발 제도는 교수에게 불쾌한 제도였다. 강의시간에 학생들과 권력을 나눠야 하기 때문이다. 그러나 붉은 깃발 제도는 전반적인 학습 경험을 개선하는 데 효과적인 촉매 메커니즘이었다.

미국의 건국자들은 헌법을 작성할 때 이런 점을 이해하고 있었다. 그래서 그들이 작성한 미국 헌법은 국가의 비전을 강화하고 지지하는 촉매 메커니즘 세트다. 미국 헌법에는 선거 제도, 견제와 균형 시스템, 재직 의원 2/3가 찬성해야 헌법 개정을 가능토록 한 제도, 그리고 대통령 탄핵제도 등이 있다. 이런 제도와 시스템은 권력을 추구하는 자에게는 불쾌하지만, 국가 전체를 위해서 권력이 중앙에 집중되는 것을 방지한다.

촉매 메커니즘은 사람들이 어쩔 수 없이 옳은 일

을 하도록 만든다. 하지만 보통 경영진은 옳고 그름에는 관심이 없다. 의미 없고 소모적인 관행이지만 자신들의 권력을 지킬 수만 있다면, 대부분의 경영진은 타성에 젖어 그 관행을 그대로 유지하려고 한다. 몇 년 동안 아니 수십 년 동안 이런 일이 미국 해병대 신병 훈련소에서 일어났다. 훈련병들은 첫날 훈련복을 지급받는다. 훈련병들은 새벽에 일어나서 12마일을 달린다. 하루도 빠짐없이 이렇게 아침 훈련을 받으면 살이 많이 빠져서 처음 받은 훈련복이 몸에 맞지 않게 된다.

그래서 2주가 지나면 훈련병들은 새 훈련복이 필요하다. 해병대 규율에 따라 훈련병들이 2주 동안 착용한 훈련복은 폐기된다. 해병대는 이 훈련복들을 세탁해서 다시 사용하는 것이 아니라, 그냥 폐기한다. 이것이 해병대의 오랜 관행이었다.

1990년대 초 샌디에이고 해병대의 보급 담당자인 필 아츌레타(Phil Archuleta)는 직속상관에게 훈련병들이 2주간 착용한 훈련복을 재사용할 것을 제안했다. 그러나 그의 상관은 일언지하에 그의 제안을 거절했다. "안 돼. 그건 규율에 어긋나는 일이다. 없었던 일로 하지." 그러나 놀랍게도 필 아츌레타는 상관의 명령을 따르지 않았다. 그는 사용한 훈련복을 세탁해서 박스에 보관했다. 그리고 훗날 자신의 생각에 동의하고 기꺼이 규율을 깰 상관이 올 때까지 기다리기로 마음먹는다.

1994년 미국 정부는 관료주의의 병폐를 바로잡기 위한 대대적인 이니셔티브를 추진했다. 당시 새롭게 도입된 '규정면제제도'는 권력 재분배의 아름다움과 힘을 보여주는 촉매 메커니즘이다. 아래는 이 새로운 제도를 구성하는 2가지 핵심요소다.

- 규정면제신청은 접수된 지 30일 이내 처리되어야 한다. 30일이 경과한 뒤 별다른 안내가 없다면, 규정면제신청이 승인된 것으로 본다.

- 규정을 개정할 권한이 있는 공무원은 규정면제신청을 승인할 수 있다. 하지만 오직 기관장만이 그 신청을 거부할 수 있다.

이 촉매 메커니즘의 영향력에 대해서 잠깐 생각해보자. 관료집단은 기본적으로 무언가를 하는 것보다 아무것도 안 하고 가만히 있는 것을 선호한다. 그리고 변화보다는 현상유지를 선택하고 상식보다는 멍청한 규칙을 중요하게 생각하고 따른다. 이 촉매 메커니즘은 관료집단의 이러한 속성을 교묘하게 파고들었다. 관리자는 규제면제요구에 대해서 더 이상 '안 돼'라고 딱 잘라 말하거나 무응답으로 일관할 수 없게 되었다.

이제 그들은 규제면제신청이 접수된 지 30일 이내 미 해병대의 최고 사령관과 거의 같은 급인 기관장에게 규정면제신청을 거부해야 하는 이유를 설명하고 거부승인을 받아야만 했다. 이것이 왜 좋은 아이디어인지를 설명하는 것보다 왜 나쁜 아이디어인지를 증명하는 데 더 많은 에너지와 시간을 쏟아야만 했다. 이 촉매 메커니즘은 힘의 균형을 무너뜨리고 관료들이 타성에서 벗어나도록 만들었다.

결국 모든 촉매 메커니즘과 마찬가지로 이 새로운 규정면제제도 역시 사람들에게 옳은 일을 할 자유를 주었다. 규정면제제도로 필 아츌레타는 미 해병대의 훈련복 폐기 규정을 바꿀 수 있었다. 그리고 그 덕분에 미 해병대는 2년 간 500,000만 달러의 비용을 절약했다. 규정면제제도 덕분에 공무원들이 옳은 일을 했던 사례는 FDA부터 NASA에 이르기까지 다양하다. 예를 들어, 농무부의 불법행위 배상금 청구 사정인들은 처리 기간을 51일에서 8일로 줄이기 위해 몇몇 규정에 대하여 면제신청을 했고 인건비를 84% 절약했다.

이처럼 경영진이 직원들에게 권력과 책임을 부여하고 뒤로 물러설 때, 직원들의 응축되어 있던 에너지와 능력이 발산되어 옳은 일이 일어날 수 있다.

여기서 우리는 또 하나의 역설과 마주하게 된다. 경영진이 권력과 책임을 나누면 나눌수록, 그 조직이 크고 험난하고 대담한 목표에 도달할 가능성이 커진다.

> **특징 3:**
> 촉매 메커니즘에는 강제력이 있다.

수많은 기업들이 완전한 고객 만족을 꿈꾼다. 이 목표를 실현하려면, 쇼트 페이처럼 강제력 있는 경영도구가 필요하다. 그러나 이런 경영도구를 가진 기업은 거의 없다. 많은 기업이 직원들에게 스스로 무언가를 결정하고 성취해내는 자율권을 주겠노라 선언한다. 그러나 실상은 나의 붉은 깃발 제도와 같은 강제력을 지닌 촉매 메커니즘을 도입해 이 숭고한 목표를 실현하는 이는 거의 없다. 수많은 기업이 '모든 경쟁에서 1위 또는 2위가 되겠노라'고 선언한다. 그러나 '1위 또는 2위를 차지하지 못하거나 이 목표를 달성할 가망이 없다면, 3개월 이내 이 사업에서 철수하겠다'고 초강수를 두는 기업은 그리 많지 않다.

대부분의 경영진은 핵심가치, 미션, 그리고 비전 선언문을 쓰는 데 엄청난 공을 들인다. 몇 시간 동안 몇 번이고 고쳐 쓰기를 반복한다. 물론 이런 퇴고의 과정은 유용하다. 그러나 목표를 실현하는 것은 선언문이 아니다. 선언문에는 그런 힘이 없다. 반면, 촉매 메커니즘은 비전 실현을 보장하는 프로세스를 마련하고 직원들이 따를 수밖에 없는 강력한 강제력이 있다.

누코어 코퍼레이션(Nucor Corporation)의 사례를 살펴보자. 누코어 코퍼레이션은 지난 30년 동안 승승장구해온 미국에서 가장 성공한 철강업체다. 러스트 벨트에 위치한 누코어 코퍼레이션의 비전은 독특하다. 이 청강업체의 비전은 회사를 노사가 공동의 목표를 향해 함께 나아가는 조직으로 만드는 것이다. 여기서 누코어 코퍼레이션이 추구하는 공동의 목표는 세계에서 가장 효율적으로 운영되고 최상급의 철강제품을 생산하고, 외국 기업과의 경쟁으로 피폐해진 철강업계에서 고용안전과 기업번영을 동시에 달성하는 것이다.

이 독특한 비전의 이면에는 누코어 코퍼레이션

의 경영진의 깊은 믿음이 존재한다. 그들은 근면 성실한 직원들은 마땅히 그들의 노고에 맞는 충분한 보상이 주어져야 한다고 믿는다. 또 직원들이 열심히 일하고 생산성을 높게 유지한다면, 회사에서 해고당할 걱정 없이 마음 편안하게 일할 수 있어야 한다고 믿는다. 표면적으로 누코어 코퍼레이션의 비전은 훈훈하게 들릴지도 모른다.

그러나 좀 더 깊이 파고들면, 누코어 코퍼레이션에는 비생산적인 직원들이 발붙일 곳이 없음을 알 수가 있다. 여기서 생산성을 극단적으로 강조하는 조직문화가 생겨났다. 가령, 다른 철강업체에서 10명이 할 일을 누코어 코퍼레이션에서는 5명이 하고, 이 5명이 8명분의 임금을 나눠 갖는다. 이 비전은 직원들이 이런 조직문화를 따를 수밖에 없게 만드는 강력한 강제력을 지닌 촉매 메커니즘을 통해 실현된다. 누코어 코퍼레이션이 생산직 근로자에게 어떻게 상여금을 지급하는지 살펴보자.

- 기본 시급은 업계 평균보다 25~33% 낮다.

- 20~40명이 팀 단위로 작업한다. 매일 팀의 생산성 순위가 공개된다.

- 매주 팀의 생산성을 기준으로 기본급의 80~200%가 생산성 목표를 달성했거나 초과한 모든 팀에게 상여금으로 지급된다.

- 5분 지각하면, 하루분 상여금이 지급되지 않는다.

- 30분 지각하면, 일주일분 상여금이 지급되지 않는다.

- 상여금을 계산할 때 기계 고장으로 인한 조업 중단은 감안하지 않는다.

- 품질 불량으로 인한 반품비율에 따라 상여금이 차감된다.

이러한 상여금 정책이 경영진에게 권력을 집중한다는 생각이 들 수 있다. 그래서 전체 시스템을 위한 권력 분배라는 촉매 메커니즘의 취지에 반하는 것처럼 보인다. 그러나 실제로 이 촉매 메커니즘은 관리자 개개인으로부터 권력을 빼앗는다. 그리고 관리자들이 기분이 내키는 대로 생산직 근로자에게 상여금을 많이 줬다가 적게 줬다가 하는 행위를 하지 못하도록 만든다. 누코어 코퍼레이션에는 재량 상여금 제도가 없다. 누코어 코퍼레이션의 상여금 제도는 스포츠 업계에서 주로 사용되는 상여금 제도에 더 가깝다.

스포츠 업계에서는 점수를 많이 내거나 우승 횟수가 사전에 정한 기준을 넘기면, 선수는 미리 정한 공식에 따라 계산된 상여금을 받는다. 선수들은 더도 덜도 말고 공식에 따라 계산된 상여금만 받는다. 이런 상여금 계산식은 경영진에게 큰 재량권을 주는 여타 상여금 제도보다 누코어 코퍼레이션의 생산직 근로자에게 더 많은 권력을 준다. 생산직 근로자들은 일 한 만큼 상여금을 받는다. 팀이 점수를 획득하면, 팀 전체가 상여금을 받는다. 그 어떤 관리자도

'올해는 실적이 나쁘다' 또는 '당신은 근무 태도가 나쁘다'는 핑계로 상여금을 빼앗아갈 수 없다.

누코어 코퍼레이션에는 관리직만을 위한 상여금 제도가 존재한다. 이것은 생산직의 상여금 제도보다 훨씬 더 강력하고 효과적이다. 관리직도 생산직 근로자와 유사한 시스템에 따라 상여금을 받는다. 차이가 있다면, '팀'이 공장 관리자에게는 '공장 전체'가 되고, 회사 간부에게는 '회사 전체'가 된다. 대부분의 기업과 달리, 경기가 나쁠 때 누코어 코퍼레이션의 경영진이 생산직보다 더 큰 고통을 감수한다. 예를 들면, 생산직의 임금은 약 25% 삭감되지만, 공장 관리자의 임금은 약 40% 그리고 회사 간부의 임금은 약 60% 삭감된다. 1982년 불경기 때, CEO 켄 아이버슨(Ken Iverson)의 임금은 75% 삭감됐다.

특징 4:

촉매 메커니즘은 조직에서 비적임자를 쫓아낸다.

전통적으로 대부분의 경영진은 직원들이 '조직의 핵심가치에 따라' 행동하고 '핵심가치에 맞는' 일을 하도록 만들기 위해서 경영도구를 만들어낸다. 설령 직원들이 핵심가치에 동의하지 않더라도 말이다. 이와 대조적으로 촉매 메커니즘은 기업이 처음부터 적임자를 고용하고 핵심가치를 공유하지 않는 직원을 퇴출시킬 수 있도록 돕는다.

성공한 기업은 "사람이 가장 중요한 자산"이라는 옛말은 틀렸다는 것을 안다. '기업이 원하는' 사람이 기업의 가장 중요한 자산이다. '기업이 원하는' 사람은 어쨌든 기업이 바람직하다고 여기는 행동을 하는 사람이다. 통제와 인센티브의 유무에 상관없이, 타고난 성격과 사고방식에 따라 하는 행동들이 자연스럽게 기업의 핵심가치에 부합되는 사람을 기업은 원한다.

여기서 도전은 교육을 통해 모든 직원이 조직의 핵심가치를 공유하도록 만드는 것이 아니다. 진짜 도전은 이미 핵심가치를 공유하고 있는 사람을 찾아서 고용하는 것이다. 그리고 나아가 핵심가치를 공유하지 않는 사람은 결코 채용하지 않거나 스스로 기업을 떠나도록 핵심가치를 더욱 강화시키는 촉매 메커니즘을 만드는 것이다.

누코어 코퍼레이션의 사례로 돌아가자. 누코어

코퍼레이션은 게으른 근로자를 생산적인 근로자로 만들려고 애쓰지 않는다. 누코어 코퍼레이션의 촉매 메커니즘은 높은 생산성을 강조하는 문화를 만들었다. 이런 조직문화에서는 태생적으로 근면한 사람들이 승승장구한다. 하지만 무임승차자는 이런 조직문화를 견디지 못하고 서둘러 떠난다. 보통 누코어 코퍼레이션에서 관리직이 비생산적이고 근면 성실하지 않다고 생산직 근로자를 해고하지 않는다. 근면 성실한 근로자들이 비생산적인 동료를 해고한다. 심지어 실제로 팀원들이 게으른 동료를 공장에서 내쫓은 경우도 있었다. 누코어 코퍼레이션에 대하여 글을 쓴 한 기자는 교대시간에 맞춰 정시에 현장에 도착했지만 지각이란 생각이 들었다고 말했다. 모든 근로자들이 30분 전에 출근해서 작업 도구를 정리하고 7시 정각이 되자마자 작업을 시작했기 때문이다.

흥미롭게도 누코어 코퍼레이션은 전통적인 철광 생산지가 아닌 농업이 주요 산업인 농촌에 공장을 세운다. 이런 행보는 단순한 생각에서 나왔다. "근면은 타고나는 것이다. 그래서 근면은 가르칠 수 없다. 그러나 제강기술은 가르칠 수 있다." 그래서 누코어 코퍼레이션은 농부들을 고용하고 그들에게 제강기술을 가르친다. 이 모든 것이 누코어 코퍼레이션만의 촉매 메커니즘 덕분에 가능하다.

기업의 촉매 메커니즘이 바이러스, 즉 기업의 핵심가치에 어울리지 않는 사람을 내쫓아내는 또 다른 사례를 고어사(W.L. Gore & Associates)에서 찾아볼 수 있다. 고어사는 거의 20억 달러에 달하는 기업 가치를 지닌 고어텍스 소재로 유명한 직물기업이다. 빌 고어(Bill Gore)가 '타고난 리더십' 문화를 만들겠다는 비전을 품고 1958년 고어사를 설립했다. 빌 고어는 직급이 리더십을 배정하거나 부여할 수 없다고 믿었다. 사람들이 당신을 따르기로 선택한다면, 그리고 그렇게 선택되는 경우에만 당신은 리더가 된다고 생각했다. 그의 이런 생각은 그의 개인적인 가치뿐만 아니라 사업적 감각에서도 불쑥불쑥 나타났다. 상사가 지시할 때가 아니라 직원들이 자유롭게 서로에게 헌신할 때 가장 창의적이고 생산적인 일이 생긴다고 그는 생각했다.

이러한 자신의 비전을 실현하기 위해서, 빌 고어는 적임자만을 자석처럼 끌어당기고 비적임자들을 쫓아버리는 촉매 메커니즘을 고안해냈다. 고어사에서는 직원들이 상사를 해고할 수 있다. 자, 물론 직원들이 자신들의 상사를 회사에서 해고할 수는 없다.

그러나 만약 상사의 리더십이 효과적이지 않다고 판단되면, 고어사의 직원들은 자신들의 상사를 건너뛰고 다른 상사를 선택해서 따를 수 있다.

누가 이런 기업에서 일하기를 원할까? 정확히 이곳에 딱 맞는 사람들만이 이런 조직에서 일하기를 원할 것이다. 바로 직위나 직급에 의지하지 않아도 자신은 다른 사람들을 이끌 수 있다고 믿고 비위계적인 리더십에 관한 철학을 지지하는 사람들 말이다. 그렇다면 어떤 사람들이 고어사를 기를 쓰고 피할까? 직위와 권력이라는 레버를 당기는 것만으로도 아찔할 정도로 들뜨는 사람들에게 고어사를 피하는 게 상책이다. 당신은 위계질서를 중시하는 리더의 유형에 속하는데 우연히 고어사에서 일하게 되었다고 가정하자. 만약 '상사는 상사다워야 한다'는 생각을 빨리 떨쳐내지 못한다면, 당신은 머지않아 고어사를 나갈 출구를 찾게 될 것이다.

> **특징 5:**
> **촉매 메커니즘의 효과는 지속적이다.**

촉매 메커니즘은 촉매 사건과 근본적으로 다르다. 부대에게 하는 격려사, 짜릿한 사외미팅, 행복감을 전파하는 일시적인 유행어, 새로운 이니셔티브나 전략적인 명령, 눈앞에 닥친 위기의 순간 등은 촉매 사건에 해당된다. 이 중 일부는 유용하다. 그러나 촉매 사건은 촉매 메커니즘처럼 끈질기고 지속적인 효과를 내지 못 한다. 실제로 촉매 메커니즘이 진화하는 한, 촉매 메커니즘은 수십 년 동안 지속될 수 있다. 3M의 15%의 법칙과 미국 헌법의 대통력 탄핵제도처럼 말이다.

많은 기업이 위기 속에서 활기를 되찾다가 위기가 지나가고 나면 활기를 잃는다. 이런 일이 일어나는 이유 중 하나가 바로 촉매 메커니즘의 부재다. 조직이 위기에 처했다고 가장하는 리더는 장기적인 관점에서 백해무익한 존재다. 그들은 촉매 메커니즘을 만들려고 하지 않는다. 단순히 큰 위험을 감수하고 큰 변화를 모색할 수밖에 없는 상황만을 만든다.

결국 조직은 위기중독 신드롬에 빠진다. 첫 번째 시도한 촉매 사건은 효과가 있을 수 있다. 직원들은 촉매 사건으로 인한 행복감, 흥분감 또는 공포감에 휩싸여 위기를 극복하기 위해서 의욕적으로 일할 것이다. 그러나 이것이 한 차례 지나고 나면, 직원들의 의욕은 곧 꺾여버린다. 촉매 사건만을 이용하는 경영진은 이런 상황을 의아하게 생각한다. 이런 상황을 피하려면 일련의 촉매 사건을 만들기보다 촉매 메커니즘을 고안해내야 한다. 이렇게 해야 지속적인 결과를 얻을 수 있다.

이번에는 수십 년 동안 실패만 거듭하고 있는 미국의 공교육 개혁에 대해 살펴보자. 공교육 개혁 실패의 일부 원인은 개혁에 대한 접근법에 있다. 그동안 지속적인 효과를 내는 촉매 메커니즘 대신 일회성 이벤트와 일시적인 유행어가 공교육 개혁의 주된 수단이었다. 콜로라도 볼더의 고등학교 교사인 로저 브리그스(Roger Briggs)는 교육 개혁에 대해서 다음과 같은 에세이를 썼다. "매년 새로운 프로그램이나 일시적인 캠페인이 만들어진다.

그러나 모두 예상했다시피 그것들은 전혀 효과가 없다. 그래서 교사들은 그것들을 그냥 무시하고 해오던 대로 수업을 진행한다." 이제 1995년 텍사스가 촉매 메커니즘을 도입하면서 공교육에 어떤 일이 벌어졌는지 살펴보자. 텍사스는 상대평가를 통해 학교의 순위를 매기기 시작했다. 이 순위를 기준으로 자원이 할당되고 심지어 폐교 여부가 결정되기도 했다. 이 촉매 메커니즘의 지속적인 효과 때문에 텍사스 학교들의 교육 개혁의 노력을 멈출 수가 없다.

왜? 예를 들어 텍사스에 소재한 40개의 학교 중에서 5위를 한 A학교가 있다고 치자. A학교는 순위에 만족하고 공교육 개혁을 위해 아무런 노력을 하지 않는다. 결국 A학교의 순위는 하락하게 된다. 계속 아무 노력도 안하고 가만히 있으면, A학교의 순위는 5위에서 35위로 급하락하고 결국 폐교될지도 모른다. 모든 학교가 동일한 기준에 따라 순위가 매겨진다. 그러나 그 평가 기준은 계속 높아진다. 이 촉매 메커니즘이 도입된 지 4년 만에, 텍사스 학생들의 학업 성취도가 전반적으로 향상됐다. 텍사스 수학시험을 통과한 학생들의 비율이 대략 50%에서 80%로 증가했고, 이 시험을 통과한 흑인과 히스패닉 학생들의 비율은 두 배 증가해서 각각 64%와 72%를 기록했다.

이제 훌륭한 촉매 메커니즘이 기업에 지속적으로 영향을 미치는 사례를 좀 더 살펴보자. 킴벌리 클라크(Kimberly-Clark)의 전 CEO 다윈 스미스(Darwin

Smith)는 1971년 킴벌리 클라크를 목제와 종이를 생산하는 시시한 기업에서 소비재를 생산하는 세계 최고의 기업으로 만들기 위한 BHAG를 세웠다. 대부분의 경쟁업체들은 그의 BHAG를 비웃었고 월스트리트 분석가들도 콧방귀 뀌었다. 그러나 다윈 스미스는 이에 아랑곳하지 않았다. 그는 촉매 사건과 촉매 메커니즘을 동시에 만들었다. 우선 촉매 사건으로 그는 회사가 보유하고 있는 많은 제지공장을 매각했다.

BHAG로부터 도망칠 수 있는 퇴로를 완전히 차단하기 위한 과감한 결단이었다. 그리고 나서 그는 세계 최고의 소비재 기업인 프록터 앤드 갬블(Procter & Gamble, P&G)에 도전장을 내밀었다. 일회용 기저귀 시장에 진출하면 킴벌리 클라크는 P&G의 직접적인 경쟁자가 될 수밖에 없었다. 이로써 킴벌리 클라크는 최고의 소비재 기업이 되느냐 아니면 P&G에게 완전히 짓밟히느냐의 기로에 서게 되었다. 이 촉매 메커니즘은 현대 경영진들이 주로 사용하는 '변하지 않으면 죽는' 위기론(촉매 사건)과는 다르다. 킴벌리 클라크가 이 촉매 메커니즘을 거의 30년 전에 처음 도입했지만, 그 효과는 오늘날도 여전히 지속된다. 이것이 바로 촉매 메커니즘의 장점이다.

일단 시작하라

이 글은 촉매 메커니즘의 입문서가 아니다. 촉매 메커니즘의 개념을 설명하고 촉매 메커니즘이 기업과 개인의 BHAG 실현에 도움이 되는 사례를 소개하는 것이 이 글의 주된 목적이다. (개인이 촉매 메커니즘을 사용해 자신의 BHAG를 실현한 사례를 더 자세히 알고 싶다면 '촉매 메커니즘은 오직 기업만을 위한 것이 아니다'를 참조하기 바란다.)

물론 촉매 메커니즘을 마련하는 효과적인 방법이 있다.

더하지만 말고 빼라

BHAG가 설정되면, 자연스럽게 새로운 이니셔티브, 새로운 시스템, 새로운 전략, 그리고 새로운 우선순위가 '추가'된다. 이제 새로운 촉매 메커니즘이 더 추가된다. 이렇게 무언가를 더하기만 하면, 엄청난 수와 양에 압도당해 어쩔 줄 모르는 지경까지 이르게 된다. 놀랍게도 조그만 전자수첩인 팜 파일럿(Palm Pilot)의 '해야 할 일 리스트'에 1,500개의 아이템을 저

장할 수 있다. 그러나 해야 할 일 리스트에는 아이템을 끊임없이 추가하면서 '그만할 일' 리스트를 만드는 사람은 거의 없다. 이는 참으로 애석한 일이다. 그만할 일 리스트도 필요하다. 해야 할 일 리스트에 새로운 아이템을 추가하는 것만큼 불필요한 아이템을 삭제하는 것도 BHAG를 실현하는 데 도움이 될 효과적인 촉매가 될 수 있다.

휴렛팩커드(Hewlett-Packard) 회선부서의 사례를 살펴보자. 회선부서는 '사람들이 활기차고 즐겁게 일하고 모든 것을 개선하고 혁신적으로 바꿀 창의적인 방안을 찾는 공간'이 되고자 셀 수 없이 많은 프로그램과 이니셔티브를 시도했다. 단기적인 결과는 있었다. 잠깐이지만 직원들은 생기 넘쳤고 신나게 일했다. 그러나 한두 달이 지나자, 회선부서의 분위기는 언제나 그랬듯 생기 없고 지루했던 예전으로 되돌아갔다.

이런 일이 반복되자, 경영진은 '무엇을 제거해야만 하는지'를 고민하기 시작했다. 오랫동안 회선부서는 계열사 혹은 타부서와의 내부거래를 통해 편안하게 수익을 올렸다. 만약 외부 업체로부터 필요한 부품을 조달하는 것이 허용된다면 어떤 일이 벌어질까? 타부서는 더 이상 회선부서에만 주문을 넣지 않을 것이고 회선부서는 타부서의 주문이 들어오기를 가만히 기다릴 수 없는 처지가 될 것이다. 두 달, 넉 달, 일 년, 오 년, 그리고 십 년 후에는 어떻게 될까? 경쟁자들이 계속 생겨나고 경쟁은 계속 치열해질 것이다. 이 촉매 메커니즘이 회선부서에 공포감과 흥분감을 동시에 조성할 것이라고 경영진은 예상했다. 그래서 경영진은 '부품 내부 조달' 조건을 삭제하고 자유시장 경쟁을 도입했다.

몇 주 만에, 회선부서는 BHAG의 실현에 가까워졌다. 회선부서에 발을 들여놓는 순간, 분위기가 싹 바뀌었음을 느낄 수 있다. 부서는 활기찬 직원들로 북적였다. 부서의 성과가 이런 변화를 분명히 보여줬다.

촉매 메커니즘에는 신선한 아이디어가 필요하다. 그러므로 당연히 모든 직원들이 촉매 메커니즘을 만드는 데 참여해야 한다. 단 한 명도 빠짐없이 모두의 참여가 필요하다. 그래니트 록의 쇼트 페이처럼 순수하게 경영진의 아이디어에서 나오는 촉매 메커니즘도 있다. 그러나 최고의 촉매 메커니즘의 대다

수는 최고 경영진의 손에서 만들어지지 않았다. 예를 들어, 연방정부의 규정 면제 제도는 평직원인 랜스 콥(Lance Cope)와 제프 골드스테인(Jeff Goldstein)에게서 비롯된다. 그들은 국가 재창조 연구소에서 일했고 연방정부기관에 영향력을 직접적으로 행사할 수 있는 그 어떤 권한도 가지고 있지 않았다.

이번에는 개인적인 이야기를 하겠다. 나의 직업관은 교육을 통해 세상에 기여하고 세상에 긍정적인 영향을 줄 수 있도록 배움에 대한 나의 호기심과 열정을 활용하는 것이다. 여기서 다음의 원칙이 나왔다. 나에게는 연구와 집필, 그리고 가르치는 일에 우선적으로 시간을 할애하고, 교육자로서 기여할 수 있는 경우에 한해서만 제한적으로 컨설팅을 하겠다는 원칙이 있다.

그래서 나는 '볼더 방문의 규칙'과 '4일의 규칙'을 만들었다. 볼더 방문의 규칙은 조직의 최고 책임자가 직접 볼더에 있는 나의 연구소를 찾아오는 헌신을 보여주지 않으면 절대 그 기업에 경영자문을 해주지 않겠다는 것이다. 이것이 나의 첫 번째 촉매 메커니즘이다. 경영진은 컨설턴트에게 천문학적 돈을 쓴다. 그러나 돈과 헌신은 같을 수 없다. 예산만 충분하다면, 청구서는 얼마든지 처리할 수 있다. 그러나 시간은 다르다. 예산이 아무리 많더라도 하루 동안 최고 책임자가 쓸 수 있는 시간은 오직 24시간이다. 예외는 없다.

시간이 한정적인데 볼더까지 몸소 찾아오는 것만 봐도 변화에 대한 그/그녀의 헌신이 어느 정도인지 알 수 있다. 다시 말해 이런 행동은 변화를 위해 나와 진지하게 논의하고 조언을 성실히 따를 의지가 있음을 보여준다. 그리고 이런 경우 내가 교육자로서 그/그녀의 조직에 중요한 영향을 미칠 가능성이 기하급수적으로 증가한다. 무엇보다 이 첫 번째 촉매 메커니즘으로 나는 진정한 (그리고 어쩌면 불편한) 변화에 헌신하지 않는 사람을 처음부터 걸러낼 수 있다.

'4일의 규칙'은 어떤 조직이든 자문 기간은 최대 4일로 제한한다는 것이다. 물고기를 대신 잡아주는 것보다 물고기를 잡는 법을 가르칠 때, 지속적인 변화를 기대할 수 있다. 경영 컨설턴트가 물고기를 잡아주기를 원하는 조직은 이 촉매 메커니즘을 통해 퇴출된다. 이것들이 매우 흔치 않은 규칙이라는 점을 인정한다. 그리고 이런 규칙들은 사업을 키우기 위해 애쓰는 대부분의 경영 컨설팅회사에게 재앙일 수 있다. 왜냐하면 이 규칙들은 정확하게 '컨설팅 사업을 확장시키지 않기 위한' 전략으로 고안되었기 때문이다. 이 규칙들은 내가 창조한 나의 니즈에 아주 딱 맞는 촉매 메커니즘이다. 이처럼 모든 촉매 메커니즘은 창조자의 니즈에 정확하게 맞아야 한다.

돈을 이용하되,
돈만 이용하지 마라

이 글에 소개된 사례 때문에 대부분의 촉매 메커니즘이 '돈'과 관련 있다고 생각할 수 있다. 그러나 동료 연구원인 레인 호눙(Lane Hornung)이 내가 수집한 촉매 메커니즘 데이터베이스를 분류해본 결과, 겨우 절반의 촉매 메커니즘만이 돈을 이용했다. 이것이 일부 사람들에게는 뜻밖의 결과일지도 모르겠다. 특히 돈이 최고의 동기부여라는 옛말을 믿는 사람들에게는 깜짝 놀랄 소식일 것이다. 그렇다고 돈으로 사람들을 압박해서 원하던 결과를 얻을 수 없다는 의미는 아니다. 돈은 촉매 메커니즘에 강제력을 부여할 수 있다. 그러나 전적으로 돈에만 의지해서 촉매 메커니즘을 만드는 것은 인간 행동에 대해 깊은 이해가 부족하다는 반증이다.

미 해병대의 사례를 살펴보면, 내가 무슨 말을 하는지 이해할 수 있을 것이다. 미 해병대는 일련의 촉매 메커니즘을 통해 대원들이 조직에 대단히 헌신하도록 만든다. 미 해병대의 촉매 메커니즘은 대원들 사이에 강한 유대감을 만들어낸다. 신병을 훈련소에 고립시키고 서로 의지를 해야만 살아남을 수 있는 환경을 조성한다. 이것은 가족이라고 생각하는 사람을 지지하고 보호하고자 하는 인간의 가장 기본적이고 깊은 본능을 자극한다. 대부분의 사람들은 연말 성과급에 목숨을 걸지 않을 것이다. 그러나 전우에게 존중받고 그들의 웰빙을 지킬 수 있다면 무슨 짓이든 할 것이다.

윌리엄 맨체스터(William Manchester)는 부상을 입고 오키나와에 있는 자신의 부대로 돌아왔다. 그는 이 부상으로 명예 훈장을 받았다. 그는 저서 《어둠이여 안녕(Goodbye Darkness)》에서 이런 헌신을 설득력 있게 묘사한다.

누구에게나 자신을 움직이는 동기가 무엇인지를 깨닫게 되는 짜릿한 순간이 있다. 나 역시 바로 그 순간에 내가 35년 전 일요일 병원에서 도망쳐서 명령을 어기고 죽음을 각오하고 전장으로 되돌아갔던 이유를 깨달았다. 그것은 바로 사랑이었다. 전선에서 싸우고 있던 사람들은 나의 가족이고 나의 집이었다. … 그들은 결코 나를 실망시키지 않았다. 그래서 나도 그들을 실망시킬 수 없었다. 나는 그들과 함께 있어야만 했다. 그들을 그곳에 죽도록 내버려 둘 수는 없었다. 그들을 구할 수도 있었다는 후회로 평생을 살아갈 수 없었다. 나는 이제 안다. 나는 국가나 해병대를 위해서 싸웠던 것이 아니다. 나는 영예나 다른 추상적인 가치를 위해도 싸우지 않았다. 오직 나와 나의 전우들은 서로를 위해 싸웠다.

물론 촉매 메커니즘은 때때로 자극을 위해 돈을 이용한다. 그러나 최고의 촉매 메커니즘은 인간의 내면 깊이 존재하고 인간에게 동기를 부여하는 요인들도 이용한다. 심지어 누코어 코퍼레이션의 촉매 메커니즘이 효과적일 수 있었던 것은 주말 성과급 덕분인 것도 있지만, 동료들의 압박과 그들을 실망시키지 않겠다는 욕구 덕분이기도 하다. 좋은 사람들은 오직 돈을 위해서만 일하지 않는다. 그러므로 촉매 메커니즘에 이 특성이 반영되어야 한다.

촉매 메커니즘의 진화를 허용하라

때때로 촉매 메커니즘은 의도하지 않은 부정적인 결과를 낳는다. 그래서 수정이 필요하다. 예를 들어, 붉은 깃발 1호는 실패작이었다. 특정 학생들은 자신들의 모든 발언이 붉은 깃발을 사용할 가치가 있다고 생각하고 수시로 붉은 깃발을 사용해 토론을 독점하려고 했다. 그래서 나는 다음 조건을 추가했다.

"단, 이 붉은 깃발은 학기동안 단 한번 사용할 수 있고 양도할 수 없습니다. 다시 말해 당신은 이 붉은 깃발을 다른 학생에게 주거나 팔 수 없습니다."

설사 처음부터 완벽하게 작동한다 할지라도, 모든 촉매 메커니즘은 진화해야 한다. 3M의 15%의 법칙이 여기에 딱 들어맞는 사례다. 1956년 경영진은 연구원들에게 '점심시간에' 3M 연구실을 이용해서 자신들이 원하는 분야에 대해 연구할 것을 권고했다. 1960년대 이 촉매 메커니즘은 '15%의 법칙'으로 공식화됐다. 이로써 연구원들은 굳이 점심시간이 아니더라고 근무시간의 15%를 개인연구에 사용할 수 있게 되었다. 1980년대 15%의 법칙은 제조와 마케팅 혁신을 위해 3M에서 널리 사용되기 시작했다. 1990년대 3M 경영진은 이 촉매 메커니즘을 활용하는 직원의 비율이 갈수록 줄어들고 있다는 점을 걱정했다.

그래서 그들은 이 촉매 메커니즘을 혁신하기 위해서 전담팀을 조직했다. 전담팀은 자신의 '해적판 시간'을 이용해 수익성 있는 혁신을 이뤄낸 직원들을 표창하는 보상 프로그램으로 촉매 메커니즘을 보강했다(3M은 근무시간의 15%를 해적판 시간이라 부른다).

15%의 법칙은 3M이 40년이 넘는 오랜 시간 동안 사용한 촉매 메커니즘이다. 그러나 이 촉매 메커니즘은 계속 진화해왔다. 이렇게 그 의미와 효과는 그대로 유지되고 있다. 이것은 촉매 메커니즘에 대한 올바른 접근법이다. 그 어떤 촉매 메커니즘도 신성시되어서는 안 된다. 위대한 기업에서는 오직 핵심가치

와 목적만이 신성시된다. 촉매 메커니즘을 포함해서 그 외 모든 것은 마땅히 변해야 한다.

촉매 메커니즘
세트를 만들어라

하나의 촉매 메커니즘은 효과적이다. 그러나 한 세트처럼 서로를 보강하는 여러 개의 촉매 메커니즘이 훨씬 더 효과적이다. 그렇다고 한 기업에게 수백 개의 촉매 메커니즘이 필요하다는 말은 아니다. 소수의 기업은 수백 개의 촉매 메커니즘이 필요할 수 있다. 그래니트 록의 사례를 다시 살펴보자. 분명히 그래니트 록은 쇼트 페이에만 의지하지 않는다. 직원과 관리자가 함께 실적평가 기간 동안 그 직원을 위한 역량개발계획을 세우도록 하는 촉매 메커니즘도 있다. 실제로 모든 직원과 관리자는 함께 다음의 서식을 완성해야 한다. "_____을 배워서 _____에 기여할 것이다."

이 촉매 메커니즘은 2가지 측면에서 효과적이다. 첫째, 직원과 관리자가 이 역량개발계획에 함께 서명한다. 그래서 두 사람은 서로 합의점을 찾을 때까지 반복적으로 대화를 해야 한다. 보상은 업무실적뿐만 아니라 직원의 학습도와 성취도와도 직접적으로 관련된다. 기술을 향상시키기 위해서 특별히 노력하지 않는 직원은 중간 임금보다 낮은 임금을 받는다. 오직 업무실적이 좋고 기술 향상을 위해 노력하고 회사에 전반적으로 기여한 직원만이 중간 임금보다 높은 임금을 받는다. 그래서 그저 일만 잘하는 사람은 그래니트 록을 스스로 떠난다. 이 촉매 메커니즘은 기분 좋은 뜻밖의 결과를 낳았다. 글을 읽고 쓸 줄 모르는 직원이 이 촉매 메커니즘을 이용해서 독서 프로그램에 참여했다. 그래니트 록이 말콤 볼드리지 국가품질상을 수상했을 때, 이 직원이 수상소감문을 읽었다.

그리고 그래니트 록은 촉매 메커니즘을 이용해서 채용을 진행하고 직원들에게 위험을 감수하도록 격려하고 그들의 새로운 역량을 자극한다. 그래니트 록의 촉매 메커니즘을 하나하나 자세히 살펴볼 필요는 없다. 여기서 핵심은 이 모든 촉매 메커니즘이 하나의 큰 그림 안에서 작용한다는 점이다. 그래니트 록은 노드스트롬의 고객 만족을 능가하는 고객 만족을 제공하는 기업이란 명성을 얻겠다는 BHAG를 위해 쇼트 페이에만 의존하지 않는다. 그래니트 록에는 서로를 뒷받침하고 보강하는 촉매 메커니즘이 대략 12개 정도 존재한다.

공중누각

최근에 나는 한 대형 리테일 업체가 조직의 21세기 BHAG를 정의할 수 있도록 도왔다. 그들은 리테일 업계에서 손꼽힐 정도로 성공한 기업이었지만 '입이 쩍 벌어질 정도로 엄청난 성과'를 올리기 위해 나에게 자문을 구했다. 이 업체의 경영진은 엄청나게 야심찬 목표를 세웠다. 바로 자신의 브랜드를 코카콜라보다 더 유명하게 만들겠다는 것이었다.

이제 이 기업이 풀어야 할 숙제는 꿈을 실현할 촉매 메커니즘을 만들어내는 것이다. 나는 경영진에게 시끌벅적한 이벤트에 크게 투자해서 최전방에서 일하는 수천 명의 영업사원들이 새로운 BHAG에 대해 열의를 가지게 만들겠다는 생각은 버리라고 조언했다. 그 대신, 한 세트의 촉매 메커니즘을 개발해서 실행해야 한다고 조언했다.

직원들이 BHAG를 실현하기 위해 지켜야 할 규칙을 분명히 이해하고 실천할 수 있도록 돕는 분명하고 구체적이고 강력한 경영도구가 이 기업에게 필요했다. 물론 촉매 메커니즘만으로는 위대한 결과를 도출할 수 없다. 촉매 메커니즘을 이끌 꿈이 필요하다. 위대한 기업은 꿈과 촉매 메커니즘을 모두 가지고 있다. 촉매 메커니즘은 거대하고 손에 잡히지 않는 꿈을 단순하고 쉽게 이해할 수 있도록 만든다. 꿈과 촉매 메커니즘의 결합은 기업이 지속적으로 우수한 결과를 낼 수 있는 최강의 조합이다.

저서 《월든(Walden)》의 결말에서 헨리 데이비드 소로(Walden, Henry David Thoreau)는 다음과 같이 썼다. "만약 당신이 공중누각을 쌓았더라도 그것은 헛된 일이 아니다. 누각은 원래 공중에 있어야 하니까. 이제 그 밑에 토대만 쌓으면 된다." BHAG는 기업이 공중에 짓는 성으로 가장 무모한 꿈이고 촉매 메커니즘은 이 무모한 꿈을 지탱하는 토대다. 그러므로 BHAG와 촉매 메커니즘을 동시에 만들어 나가길 바란다.

표1

촉매 메커니즘 : 전통으로부터의 일탈

촉매 메커니즘에는 5가지 독특한 특징이 있다. 이 특징들이 촉매 메커니즘을 전통적인 경영수단과 구분한다.

전통적인 경영수단, 규정 또는 메커니즘 :	촉매 메커니즘 :	촉매 메커니즘의 사례 :
조직의 요식행위를 확장시키므로 변화를 줄인다.	예상치 못하게 원하는 결과를 만들어낸다.	붉은 깃발 제도는 독선적인 CEO를 MBA 학생의 비판에 귀를 기울이도록 만들었다. 두 사람이 토론이 어떻게 진행될지 알 수 없었지만, 강연에 참석한 모든 학생들에게 유익한 시간이었다.
간부에게 권한을 집중시켜 직원들이 그들의 명령에 복종하도록 만든다.	전체 시스템을 위해서 권한을 분배한다. 이것은 전통적으로 권한을 가지고 있던 간부에게 굉장히 불쾌한 일이다.	새로운 정부 규칙 덕분에 말단 관리자가 거의 새것이나 다름없는 훈련복을 소각시킨다는 굉장히 낭비적인 규정을 삭제할 수 있었다.

표1(계속)

전통적인 경영수단, 규정 또는 메커니즘:	촉매 메커니즘:	촉매 메커니즘의 사례:
직원과 경영진이 그저 조직의 최고 책임자의 '의도'로 이해한다.	구성원들을 물고 놓지 않는 날카로운 이빨이 있다.	그래니트 록의 쇼트 페이 덕분에 고객은 만족한 제품에 대해서만 비용을 지불한다.
비적임자에게서 조직이 기대하는 행동을 촉발하려는 시도다.	적임자를 끌어당기고 바이러스(적임자)를 퇴출한다.	고어사는 위계직서에 얽매이지 않는 리더십을 중요하게 여기고 직원들은 실제로 상사를 해고할 수 있다.
단일 이벤트나 일시적인 유행으로 단기적인 효과만 낸다.	지속적인 효과를 낸다.	킴벌리 클라크는 소비재 시장에서 보다 우수한 실적을 내기 위해서 의도적으로 P&G와 정면 대결했다. 이런 전략은 30년이 지난 지금도 여전히 효과적이다.

BHAG의 구조

《성공하는 기업들의 8가지 습관(Built to Last)》을 준비하면서 제리 포라스(Jerry Porras)와 나는 오래가는 위대한 기업들은 BHAG를 세우고 추구한다는 사실을 발견했다('비-에이취에이쥐'라고 발음하고 크고(big), 험난하고(hairy), 대담한(audacious) 목표(goal)의 약어다). 좋은 BHAG에는 3가지의 핵심적 특징이 있다.

1. 10~30년 이상의 장기 프로젝트다.

장기적으로 조직의 기본 역량을 극적으로 개선할 변화를 만들어내는 것이 BHAG의 핵심이다. 시티코프(Citicorp)는 1915년 첫 BHAG를 세웠다. 그것은 전 세계에서 가장 강력하고 최고의 금융 서비스를 제공하고 세계 어디에서든 이용할 수 있는 은행이 되는 것이었다. 이 BHAG를 실현하는 데 50년 이상이 걸렸다.

시티코프는 1990년대 초 전 세계 10억 명의 고객을 보유하겠다는 새로운 BHAG를 세운다. 이 새로운 BHAG를 실현하는 데 최소 20년이 걸릴 것이다. (현재 시티코프의 고객은 1억 명이 조금 덜 된다.) BHAG를 단기에 실현하려는 경우, 경영진은 단기 목표를 달성하기 위해서 장기적인 결과를 희생시킬 수도 있다.

2. 분명하고 설득력 있으며 이해하기 쉽다.

어떻게 표현하든지, 훌륭한 BHAG의 목표는 분명하다. 예를 들어, 필립모리스(Philip Morris)가 1950년대 정한 BHAG는 R.J.레이놀즈(R.J. Reynolds)를 세계 1위 담배제조사의 지위에서 끌어내리는 것이었다. 여기에 혼동할 여지가 전혀 없다. 나는 이것을 '에베레스트산 기준(Mount Everest standard)'이라고 부른다. 에베레스트산을 오르겠다는 목표를 '세상에서 가장 유명한 산 오르기', '세상에서 가장 높은 산 오르기', '북위 28°, 동경 87°에 위치한 산 오르기' 또는 '네팔의 2만 9028피트의 산 오르기'라고 표현할 수 있다. 이 외에도 에베레스트산 등정이란 목표를 표현할 방법은 수백 가지가 된다. 셀 수 없이 많은 시간을 목표를 어떻게 표현할지 고민하는 데 쓰고 있다면, 아직 BHAG가 분명하게 세워지지 않았다는 의미다.

3. 조직의 핵심가치와 목표와 연결된다.

최고의 BHAG는 닥치는 대로 세워지는 것이 아니다. 그것은 기업의 기본적인 핵심가치와 존재의 이유와 연결된다. 예를 들어, 나이키(Nike)의 1960년대 BHAG는 아디다스(Adidas)를 '짓밟는 것'이었다. 이것은 나이키의 핵심 목표인 '경쟁, 승리, 그리고 경쟁자를 짓밟는 짜릿함을 경험하는 것'과 완벽하게 들어맞는다. 소니(Sony)의 1950년대 BHAG는 전 세계에

팽배한 일본 제품은 품질이 나쁘다는 이미지를 바꾼 것으로 유명한 기업이 되는 것이었다. 이것은 일본의 문화와 국격을 높이겠다는 소니의 핵심가치와 직접적으로 연결된다.

이 마지막 기준은 처음부터 BHAG를 세우는 이유와 관련이 있다. BHAG는 조직의 핵심가치와 목적을 보존하는 동시에 변화, 개선, 혁신, 그리고 부활이라는 진보를 촉진하는 강력한 수단이다. 지속성과 변화를 결합시키는 이 놀라운 능력이 오래가는 위대한 기업과 겨우 성공한 기업을 철저하게 구분한다. 비결은 단지 BHAG를 설정하는 것이 아니라 BHAG를 달성하는 것이다. 바로 그 안에 촉매 메커니즘의 힘이 있다.

촉매 메커니즘은 오직 기업만을 위한 것이 아니다

지금까지 기업이 야심찬 목표를 실현하는 데 촉매 메커니즘이 어떤 영향을 미치는지를 중점적으로 살펴봤다. 그러나 촉매 메커니즘은 개인의 야심찬 목표를 실현하는데도 효과적인 수단이 된다. 실제로 나는 '볼더 방문의 규칙'과 '4일의 규칙'이라는 나만의 촉매 메커니즘을 이용해서 시간을 관리하고 있다.

이렇게 개인적으로 촉매 메커니즘을 활용하는 사람은 나뿐만이 아니다. 스탠퍼드 비즈니스 스쿨의 나의 옛 제자들 중 다수가 개인적인 목표를 달성하기 위해서 촉매 메커니즘을 활용하고 있다. 남들이 다 가는 정해진 길을 버리고 스스로 길을 개척해 나가겠다고 다짐한 제자가 있었다. 그는 기업가 정신을 발휘하여 자신의 길을 스스로 만들어나가고자 했다. 그러나 시간이 지나면서 그는 학자금 대출에 허덕이게 되었고 높은 임금의 일자리는 그에게 큰 유혹으로 다가왔다. 이렇게 그의 개인적인 비전이 약해져 갔다. 결국 그는 디스크 드라이브를 생산하는 대기업에 취직했다. 그러나 그는 '5년 안에 학자금을 전액 상환하고 개인사업을 시작하겠다'고 굳게 다짐했다.

대부분의 경우, 시간이 흘러 차와 집을 사고 아이가 태어나면 이런 꿈은 서서히 사라지기 마련이다. 그러나 나의 옛 제자는 자신의 비전이 사라지지 않도록 흥미로운 촉매 메커니즘을 이용했다. 그는 미리 사직서를 작성했고 그 사직서에 5년 뒤 날짜를 적었다. 그러고 나서 다음의 설명과 함께 믿을 수 있는 소수의 사람들에게 사직서 사본을 보냈다.

"사직서에 적힌 날짜가 지났는데도 여전히 이 회사를 다니고 있다면, 나 대신 이 사직서를 회사에 제출해주세요." 그의 계획은 성공적이었다. 1996년 나는 그로부터 이메일 한 통을 받았다. 그 이메일에는 그가 어떻게 돈을 모았고 근무 외 시간을 활용해서 개인사업을 준비했는지가 적혀 있었다. 결국 그는 계획한 일정에 맞게 그 안정적인 직업을 관두고 기업을 인수하고 운영할 자금을 마련했다.

또 다른 제자는 존경하고 절대 실망시키고 싶지 않은 사람들을 모아서 개인적인 이사회를 만들었다. 그리고 이사회의 지침에 따라 인생의 중요한 결정을 내리겠다고 굳게 맹세했다.

그의 개인적인 이사회는 그의 인생에 지대한 영향력을 행사하게 되었다. 1996년 그는 나에게 다음의 편지를 썼다. "모건 스탠리를 떠나 친구의 2년 된 회사에서 일을 할 것인가를 결정하기 위해 이사회를 소집했습니다. 만장일치 찬성이 나왔습니다." 고액 연봉에 많은 사람들의 존경을 받는 자리를 버리고 그는 친구의 작은 회사에 입사했다. 그 이후, 그 회사는 4배 성장했고 80명 이상의 직원을 거느리게 되었다.

나의 동료의 BHAG는 '정신줄을 놓지 않고' 어머니로서, 아내로서, 전문 작가로서 그리고 교회 자원봉사자로서 충실하고 활발한 삶을 사는 것이다. 이번에는 그녀가 지난 3년 동안 자신의 BHAG를 실현하기 위해 사용한 아주 효과적인 촉매 메커니즘을 소개하겠다. 그녀에게는 '정신줄을 놓지 않는 것'이 중요했다. 촉매 메커니즘을 사용하기 전에, 그녀는 여러 가지 역할을 완벽하게 해내기 위해서 끊임없이 스스로를 혹사했다. 그리고 그런 생활에 비참함을 느꼈다. 이것의 원흉은 프리랜서 작가라는 그녀의 직업이었다.

프리랜서 작가인 그녀는 닥치는 대로 일을 했다.

"특별히 돈이 필요한 것은 아니었지만, 저는 들어오는 프로젝트를 죄다 받았어요."라고 그녀가 회상했다. "너무 가난한 집에서 자랐더니, 일만 하면 벌 수 있는 돈을 그냥 내버려둘 수가 없었던 것 같아요."라고 그녀가 덧붙였다. 그녀의 아이들과 남편 그리고 가까운 친지가 그녀가 쉬지 않고 일한 결과에 대한 대가를 지불해야 했다. "너무 피곤해서 가까운 친척들을 만날 수가 없었어요. 오히려 아이들을 봐달라고 부탁을 했죠."라고 그녀가 말했다.

어느 날 나의 동료는 여동생에게 자신의 처지를 한탄했다. 동료의 한탄을 들은 여동생은 효과적인 촉매 메커니즘을 제안했다. 그녀가 생활에 불편함을 느끼지 않을 정도의 돈을 벌었는데도 일을 또 받아서 한다면, 여동생에게 벌금으로 하루에 200달러씩

주기로 했다. 나의 동료는 이 계획이 분명 효과가 있을 것이라 생각하고 그 즉시 받아들였다.

이렇게 동생과 권력을 공유한 이후, 나의 동료는 자신의 삶을 다시 통제할 수 있었다. 이제 그녀는 정해진 소득 수준에 도달할 때까지 행복하게 일을 한다. 그러나 그 수준을 넘어서면 아주 비판적으로 프로젝트를 평가하고 수락할지 말지를 결정한다(촉매 메커니즘을 실천한 이후, 그녀는 딱 2번 추가로 프로젝트를 진행했다. 놓치기에 너무 아까운 프로젝트였기 때문이다).

촉매 메커니즘 덕분에 자유를 얻은 그녀는 아이들의 학교에서 자원봉사까지 할 수 있게 되었다. 분명 그녀의 촉매 메커니즘은 효과적이었다. 그녀가 이 촉매 메커니즘을 지키는 한, 이 촉매 메커니즘은 지속적인 효과를 낼 것이다. 이 촉매 메커니즘의 결과를 고려하여, 그녀는 오랫동안 이 촉매 메커니즘을 실천할 계획이다.

과연 이 사람들이 촉매 메커니즘이 없었다면 자신의 인생을 바꿀 수 있었을까? 촉매 메커니즘이 없었다면, 인생을 바꿀 가능성이 좀 줄어들었을 것이다. 개인의 촉매 메커니즘도 조직의 촉매 메커니즘이 가지고 있는 모든 혜택을 가지고 있다. 촉매 메커니즘은 좋은 의도에 실천할 힘을 준다. 그리고 자신의 꿈을 실현되지 않은 채로 두는 대신 자신의 비전에 충실할 수 있는 가능성을 급격하게 높인다.

옮긴이 후기

한 치 앞을 내다보기 힘든 이 시대에는 BHAG가 필요하다. BHAG는 '크고(Big) 험난하고(Hairy) 대담한(Audacious) 목표(Goal)'의 머리글자로 만들어진 경영 용어다. 예를 들어, 코카콜라보다 더 큰 가치를 지닌 브랜드를 만드는 것이 목표라면, 그 목표는 BHAG급이라 할 수 있다.

경영자라면 누구나 자신만의 BHAG가 있다. 그러나 BHAG의 달성은 쉽지 않다. 처음에는 BHAG를 달성하겠다는 의지로 기업은 불타오른다. 그러나 이 열의는 곧 차갑게 식고 조직은 다시 예전으로 되돌아간다. 실제로 1990년대 초반 기업들 사이에 'BHAG 열풍'이 분 적이 있다. 당시 많은 기업들은 이 BHAG를 세웠지만 결과는 신통치 않았다. 왜 그랬을까?

그들은 BHAG만 알고 '촉매 메커니즘'은 몰랐다. 촉매 메커니즘이 BHAG와 함께 한다면 상황은 달라진다. 쉽게 말해 촉매 메커니즘은 촉매제다. BHAG의 실현에 도움이 되는 행동은 촉진하고 도움이 안 되는 행동은 억제한다. 많은 기업들이 촉매 메커니즘으로 BHAG를 달성했다.

1971년 다윈 스미스는 킴벌리 클라크를 그저 그런 펄프 회사에서 세계 수준의 소비재 기업으로 바꿔놓겠노라고 선언했다. 물론 다들 그의 이야기에 코웃음을 쳤다. 그는 두 가지 촉매 메커니즘을 작동시킨다. 먼저 오래된 펄프공장을 매각한다. 이로써 과거로 되돌아갈 방도가 사라진 셈이다. 그다음으로 그는 프록터 앤드 갬블의 제품 라인을 중심으로 신제품을 개발한다. 굴지의 소비재 기업과의 정면 승부에서 살아남는다면 또 하나의 세계적인 소비재 기업이 되는 것이고, 그렇지 않다면 망하는 도리밖에 없다. 많은 이들의 그의 '죽기 아니면 까무러치기' 전략에 경악했다. 결과는 말하지 않아도 알 것이다.

지금 뉴코어는 미국 최대 제철소다. 그러나 과거에는 이른바 러스트 벨트에 있던 사양 기업일 뿐이었다. 뉴코어는 위기를 타개하기 위해서 세계에서 생산성이 가장 높은 제철소가 되겠다고 선언한다. 거기다 고품질, 안정된 직장, 높은 임금, 기업 번영까지 선창한다. 이 목표를 달성하기 위해 뉴코어는 어떤 촉매 메커니즘을 도입했을까? 뉴코어는 기본급을 산업평균보다 25% 낮게 설정했다. 30명 안팎으로 팀을 엮고, 각 팀의 생산량과 순위를 매일 공지했다. 팀 생산량에 따라 적게는 80%에서 많게는 200%까지 보너스를 지급했다. 물론 생산 목표를 달성한 팀에만 보너스가 지급됐다. 결국 뉴코어는 촉매 메커니즘의 도움으로 BHAG를 실현시켰고 오늘날 가장 혁신적이고 생산적인 기업으로 승승장구하고 있다.

이 외에도 촉매 메커니즘으로 BHAG를 달성하여 진화한 기업들은 많다. 그래니트 록은 '쇼트 페이'라는 충격적인 지불 시스템으로 최고의 고객 만족을 보장하는 기업이 되었고 3M은 연구원들에게 근무시간의 15%를 자신이 원하는 일에 쓰도록 허용하여 혁신 기업으로 자리매김했다.

이처럼 기업은 BHAG와 촉매 메커니즘을 통해 생존할 뿐만 아니라 진화한다. 이는 비단 기업에만 해당되는 것이 아니다. BHAG와 촉매 메커니즘은 개인의 생존과 진화도 돕는다.

변화무쌍한 이 시대에서 당신의 목표는 무엇인가? 단지 생존하는 것인가? 아니면 생존을 넘어 진화하는 것이 당신의 목표인가? 그렇다면 망설이지 말고, 당신만의 BHAG를 설정하고 촉매 메커니즘을 설계하여 실천하기를 바란다.

정리

BHAG와 촉매 메커니즘

많은 기업들이 크고, 험난하고, 대담한 목표(Big Hairy Audacious Goals, BHAGs)를 실현하기 위해서 자신 있게 많은 혁신 프로그램을 도입한다. 그러나 다수가 타성에 젖어 있는 조직을 혁신하려는 목표를 위해 나아가다가 첫 번째 장애물을 넘지 못하고 우왕좌왕하는 조직이 태반이다. 이 간단하지만 강력한 도구로 기업은 BHAG에 전적으로 헌신할 수 있다.

다시는 돌아갈 수 없는 강을 건너서 이 목표를 실현하지 않을 수 없는 상황에 놓이게 되는 것이다.

촉매 메커니즘은 직원들에게 BHAG를 실현하도록 자극하고 위계질서에 얽매이지 않는 효과적인 경영수단이다. 그리고 촉매 메커니즘에는 권한의 재분배가 수반된다. 쇼트 페이는 촉매 메커니즘이 무엇인지를 정확하게 보여주는 사례다. 그래니트 록의 간단하지만 급진적인 정책으로 말미암아 직원들은 서비스를 개선하는 데 과열 양상까지 보였다.

쇼트 페이는 고객들이 불만족스러운 제품의 비용을 제외하고 만족스러운 제품의 비용만 지불할 수 있도록 한다. 이때 고객은 불만족스러운 제품을 반품할 필요가 없다. 물론 쇼트 페이가 모든 기업에 적

합한 촉매 메커니즘은 아니다. 그러나 쇼트 페이만큼 강력한 효과를 내는 촉매 메커니즘은 많이 존재한다.